E
M
E
R
V
E
I
L
L
O
N
S
-
N
O
U
S

Jean-Marc LATREILLE
33 rue Marceau
21 000 DIJON
jean-marc.latreille421@orange.fr

© 2013, Latreille
Edition : BoD - Books on Demand
12/14 rond-point des Champs Elysées
75008 Paris
Imprimé par BoD – Books on Demand, Norderstedt, Allemagne
ISBN : 9782322031177
Dépôt légal : Octobre 2013

TABLE DES MATIERES

Introduction   Page 5

Chapitre 1 : Emerveillons-nous !   Page 7
      De l'opposition à la complémentarité

Chapitre 2 : Atmâ. Grain de sénevé. Le Soi.   Page 13
      La réalisation du Soi.
      De la complémentarité à la tri-unité.

Chapitre 3 : Des connaissances à la Connaissance.   Page 21

Introduction

Socrate disait il y a 2 500 ans que la sagesse commence par l'émerveillement. Donc, pour découvrir la richesse du monde, suivons son conseil : sachons nous émerveiller devant le plus profond des mystères, celui de la Vie et de sa créativité...
Et, pour justifier cet émerveillement, acceptons l'idée que l'univers est infiniment plus riche et plus complexe que ce que nos cinq sens nous permettent d'en percevoir. D'abord reconnaître sa petitesse, son ignorance, sa finitude. Einstein comparait le chercheur à quelqu'un qui observerait une horloge de l'extérieur et voudrait en comprendre le fonctionnement sans pouvoir y pénétrer.[1]
Niels BOHR[2] pensait que « notre description de la nature n'a pas pour but de révéler l'essence réelle des phénomènes, mais simplement de découvrir autant que possible les relations entre les nombreux aspects de notre existence ».
Méditer cette réflexion de René ALLEAU[3] selon lequel la réalité dépasse les évidences et les limites de notre pensée. Claude LEVI-STRAUSS écrivait que « le savant n'est pas l'homme qui fournit les vraies réponses, c'est celui qui pose les vraies questions ».
Mais, selon KRISHNAMURTI l'être humain ne supporte ni l'incertitude ni l'impermanence[4]. C'est pourquoi il est sans cesse à la recherche de quelque chose d'éternel.

Abandonnons donc cette recherche de certitude et partons pour celle de ce qui pourrait être éternel.

---

[1] Rapporté par M. RICARD in L'INFINI DANS LA PAUME DE LA MAIN, P. 368. « Les concepts physiques sont de libres créations de l'esprit humain, même s'ils ont l'air d'être déterminés uniquement par le monde extérieur. Nos efforts pour appréhender la réalité ressemblent à ceux de quelqu'un qui cherche à comprendre le mécanisme d'une montre fermée. Il voit le cadran et les aiguilles qui bougent, il entend même le tic-tac, mais il n'a aucun moyen d'ouvrir le boîtier. S'il est ingénieux, il se forme l'image d'un mécanisme qui serait responsable de tout ce qu'il observe, mais il ne pourra jamais être certain que son image soit la seule capable d'expliquer ses observations. Il ne pourra jamais comparer son modèle avec le mécanisme réel, et ne peut même pas imaginer la possibilité que cette comparaison ait un sens ».
[2] Cité par M. RICARD dans LINFINI DANS LA PAUME DE LA MAIN, P. 120.
[3] In LA SCIENCE DES SYMBOLES P. 21 : Le livre scellé de l'univers ne se laisse pas lire à haute voix. La nature fuit le viol de l'évidence : elle n'a confié ses mystères qu'aux murmures et à la pénombre. Ses paysages ne révèlent leurs profondeurs qu'à l'aube ou au crépuscule, à travers des vapeurs ou des brumes. Savoir n'est pas connaître ; c'est savourer ce que l'on entrevoit à mi-chemin. La réalité n'exige pas que nous la réduisions aux limites de notre pensée : elle nous invite plutôt à nous fondre dans l'absence des siennes. Ainsi, la parole toujours voilée du symbole peut-elle nous garder de la pire erreur : celle de la découverte d'un sens définitif et ultime des choses et des êtres. Car personne ne se trompe autant que celui qui connaît toutes les réponses, sinon, peut-être, celui qui n'en sait qu'une seule »
[4] Dans SE LIBERER DU CONNU : « Par contraste avec « la souffrance, le malheur, la confusion et le désespoir » dans lesquels il vit, il est à la recherche de « quelque chose de permanent, qui dure, qui se perpétue, qui aura une continuité »...« Ce n'est que lorsque l'esprit est débarrassé de ce désir de certitude qu'il peut commencer à découvrir s'il existe quelque chose d'éternel, au-delà de l'espace, au-delà du temps, au-delà du penseur et de l'objet de ses pensées et de sa quête ».

I. Emerveillons-nous !
De l'opposition à la complémentarité

Commençons par tenter de dépasser nos limites habituelles de perception et de pensée. Au niveau élémentaire des évidences, nous nous contentons de ce que nous percevons du monde extérieur par nos cinq sens, le premier d'entre eux en matière d'observation étant la vue. Mais quelle est la vue exacte de l'Univers, celle de l'homme, celle de l'abeille, celle de la mouche ou celle du serpent, ou de la chauve-souris ? Aucune bien sûr. Toutes sont valables mais incomplètes. Admettrons-nous qu'aucun homme, par sa constitution même, ne peut percevoir de la réalité qu'une infime partie qui est celle que ses sens balayent ? N'est-ce pas ce qu'illustrait déjà, au XIe siècle, le sage soufi El-GHAZALI quand il racontait que « quatre aveugles s'assemblèrent un jour pour examiner un éléphant. Le premier toucha la jambe de l'animal et dit : « L'éléphant est comme un pilier. » Le second palpa la trompe et dit : « L'éléphant est comme une massue. » Le troisième aveugle tâta le ventre et dit : « L'éléphant est comme une grosse jarre. » Le quatrième, enfin, fit bouger une oreille de l'animal et dit à son tour : « L'éléphant est comme un grand van. » Puis ils se mirent à se disputer sur ce sujet. Un passant leur demanda la raison de leur querelle ; ils la lui exposèrent et le prirent comme arbitre. L'homme déclara : « Aucun de vous n'a bien vu l'éléphant. Il n'a pas l'air d'un pilier, mais ses jambes sont des piliers ; il n'a pas l'air d'un van, mais ses oreilles y ressemblent. Il n'a pas l'aspect d'une jarre, c'est son ventre qui en est une. Il n'est pas une massue, c'est sa trompe qui est semblable à une massue. L'éléphant est une combinaison de tout cela : jambes, oreilles, trompe et ventre »[5].

Si notre œil fonctionnait à la perfection nous percevrions toutes les couleurs de l'infrarouge à l'ultraviolet et nous verrions que cette matière qui nous paraît dense et opaque est en fait constituée principalement de vide. Fritjof CAPRA en donne une illustration saisissante[6] en disant que, pour que nous puissions voir le noyau d'un atome il faudrait le gonfler jusqu'à la dimension de la cathédrale Saint-Pierre de Rome !

Si notre œil fonctionnait à la perfection nous verrions aussi ces milliards d'être vivants unicellulaires qui grouillent autour de nous. A l'opposé, au niveau macroscopique, nous verrions que ces milliards de galaxies dont l'éloignement et les dimensions nous donnent le vertige constituent peut-être un organisme gigantesque. Malgré l'insuffisance des moyens d'investigation de l'époque Blaise PASCAL avait ressenti ce vertige lorsqu'il parlait de son effroi devant les deux infinis. Quand il naît en 1623 le microscope a 33 ans et la lunette astronomique 14. Les principales découvertes dont ils seront les instruments viendront plus tard. On ne connaissait pas encore années-lumière et, à l'opposé, fentomètres. L'homme pouvait alors être considéré comme la mesure de toute chose et le maître du monde, ce qui n'est plus possible depuis que DARWIN a mis en évidence l'évolution

---

[5] Cité par Romain ROLLAND dans LA VIE DE RAMAKRISHNA.
[6] In LE TAO DE LA PHYSIQUE p. 67 : « Un atome (...) est extrêmement petit comparé aux objets macroscopiques, mais il est énorme comparé à son noyau central. (...) Si nous gonflons l'atome jusqu'à la taille d'un ballon, ou même d'une pièce, le noyau serait encore trop petit pour être perçu à l'œil nu. Pour voir le noyau, nous devrions gonfler l'atome jusqu'aux dimensions de la plus grande coupole du monde, le dôme de la cathédrale Saint-Pierre à Rome. Dans un atome de cette dimension, le noyau aurait la dimension d'un grain de sel ! Un grain de sel au milieu du dôme de Saint-Pierre et des grains de poussière tourbillonnant à leur tour dans le vaste espace du dôme. C'est ainsi que nous pouvons nous représenter le noyau et les électrons d'un atome ».

des espèces et l'animalité de l'homme.

Au-delà de ses cinq sens n'y a-t-il pas des influences qui s'exercent sur l'homme sans qu'il ait la possibilité de les percevoir ? Nous ne percevons pas les champs magnétiques, mais pouvons-nous prétendre qu'ils ne nous influencent et ne nous informent pas ? Et les champs gravitationnels ? Et les réseaux Hartmann ? Qu'est-ce-qui fait vibrer la baguette du sourcier ? Les scientifiques considèrent que nous n'utilisons pour vivre que 10% des capacités de notre cerveau. Cela signifie-t-il que les 90% restants sont là pour la galerie ? Ne serviraient-ils pas plutôt à des relations, ou des perceptions, ou des influences, qui mettraient l'homme en résonance avec des émetteurs subtils ? N'a-t-on pas là un phénomène comparable à ce que dit Etienne GUILLE de l'« ADN poubelle »[7], ainsi dénommé par les scientifiques parce qu'ils n'en ont pas encore trouvé les fonctions ? Les zones de fonctionnement inconnu ne seraient-elles pas celles où sont présentes des fonctions aujourd'hui insoupçonnées ? C'est ce qu'affirme K.G. DURKHEIM lorsqu'il écrit qu'un troisième système existe, au-delà des systèmes physique et psychique, qui nous relie aux forces cosmiques.[8] Nous reviendrons en détail sur cette triplicité dans le chapitre suivant.

Tout être vivant, de la cellule la plus simple à l'être le plus complexe, est un émetteur-récepteur. Il échange en permanence avec son entourage : ses semblables, la végétation, les champs morphiques (selon la terminologie de R. SHELDRAKE[9]), la Noosphère (selon l'expression de TEILHARD DE CHARDIN), l' « océan psychoïde » de Rémy CHAUVIN, le cosmos. Le hara serait-il ce centre émetteur-récepteur ? Toute personne que je croise m'envoie instantanément un message qui m'ouvre à elle ou non. C'est pourquoi l'être qui avance sans regarder ceux qu'il croise, passe à côté de ceux qui, avec lui, constituent le tissu de la Vie.

Faut-il préciser que, pour qu'un phénomène physique puisse se manifester, deux préalables sont nécessaires :
1. l'existence de deux pôles contraires, c'est-à-dire une polarisation, une opposition,
2. puis la mise en relation de ces deux pôles pour que l'énergie - donc la Vie - circule, c'est la complémentarité.

Peut-on alors regrouper ces préalables dans le terme de couples ? Rémy CHAUVIN parle de systèmes énergétiques opposés et complémentaires. En leur appliquant la devise d'HEISENBERG

---

[7] In L'HOMME ENTTRE CIEL ET TERRE.
[8] In PRATIQUE DE L'EXPERIENCE SPIRITUELLE P. 53. « …à côté des systèmes physique et psychique, il en existe un troisième qui touche ce que l'on appelle le corps éthérique et dont l'étude reste une tâche de l'avenir. Il concerne la présence de forces cosmiques transpersonnelles. En être coupé rend « malade », leur être ouvert fait partie de la véritable santé de l'homme intégral…Le système de matière subtile n'est pas accessible au seul magnétisme mais aussi à un système de microvibrations. On sait que le maniement du corps comporte deux formes de vibrations, l'une, très forte, parvient jusqu'à l'ossature, une autre pénètre la musculature. Mais il existe une troisième forme qui n'est plus exactement une vibration mais une sorte de « courant » d'oscillation, de haute fréquence et d'amplification minimale. C'est une « vibration » qui touche à peine la peau mais qui, là où elle agit, traverse tous les tissus. Liée au rythme respiratoire du « patient » elle peut exercer sur la personne un effet de détente libératrice ».
[9] C'est, comme son étymologie l'indique, un champ générateur de forme (*morphos* en grec). Comment peut-on le définir ? « Les champs morphiques, comme les champs connus de la physique, sont des régions d'influences non matérielles s'étendant dans l'espace et se prolongeant dans le temps. Quand un système particulier cesse d'exister – lorsqu'un atome est désintégré, qu'un flocon de neige fond, ou qu'un animal meurt – son champ organisateur disparaît du lieu spécifique où existait le système. Mais dans un autre sens, les champs morphiques ne disparaissent pas : ce sont des schèmes d'influence organisateurs potentiels, susceptibles de se manifester à nouveau, en d'autres temps, et d'autres lieux, partout où et à chaque fois que les conditions physiques sont appropriées. Quand c'est le cas, ils renferment une mémoire de leurs existences physiques antérieures. » Et, plus la population étudiée comporte d'individus plus le champ morphogénique s'enrichit du comportement de tous ses individus.

contraria sunt complementa (les contraires sont complémentaires), cherchons, en particulier dans les sagesses les plus anciennes, des illustrations symboliques de cette *opposition complémentaire* :

Les plus anciennes oppositions complémentaires sont celles du haut et du bas, du chaud et du froid, du jour et de la nuit, du soleil et de la lune, du ciel et de la terre, de Mars et de Vénus, du Nord et du Sud, de la matière et de l'énergie (et, encore au-delà, de l'esprit), des aspects ondulatoire et particulaire de la matière, du positif et du négatif, de l'inspiration et de l'expiration, des systole et diastole cardiaques, des systèmes ortho et parasympathique, des hémisphères droit et gauche du cerveau (complétée depuis par l'opposition entre cerveaux reptilien et néomammalien), du masculin et du féminin. Nous visiterons aussi les Chinois avec le couple yin x yang et celui du Yi-King - Kien x Kouen (le Ciel et la Terre) -, les adeptes des Tarots avec le couple Eveilleur x Fou, les alchimistes avec le couple Soufre x Mercure, la logique de Stéphane LUPASCO avec l'opposition potentialisation x actualisation, et la psychologie des profondeurs avec le couple conscient x inconscient.

Le T'ai-chi-T'u : Yin x Yang

Voici comment le décrit Frijtof CAPRA[10] : « Ce diagramme est une disposition symétrique du yin sombre et du yang lumineux, mais la symétrie n'est pas statique. C'est une symétrie en rotation suggérant, avec beaucoup de force, un mouvement cyclique perpétuel : *le yang retourne cycliquement à ses débuts, le yin parvient à son maximum et laisse place au yang*. Les deux points du diagramme symbolisent l'idée que, chaque fois que l'une des deux forces atteint son extrême, elle contient déjà en elle-même le germe de son opposé ».

« Depuis les temps les plus reculés, les deux pôles archétypiques de la nature furent conçus non seulement comme lumineux et sombre, mais également féminin et masculin, dur et doux, au-dessus et au-dessous. Yang, le pouvoir fort, masculin, créateur, fut associé au ciel, tandis que *yin*, l'élément sombre, réceptif, féminin et maternel, était représenté par la Terre. Le Ciel est au-dessus, mouvant, la Terre - dans la vieille conception géocentrique - est en dessous et au repos. Ainsi *yang* en vient-il à symboliser le mouvement, et *yin* le repos. Sur le plan psychique, *yin* est la conscience féminine complexe et intuitive, *yang* l'intellect masculin, clair et rationnel. Yin est la tranquillité contemplative du sage, *yang* la forte action créatrice du roi ». « Dans la conception chinoise, toutes les manifestations du Tao sont engendrées par l'effet dynamique de ces deux forces polaires... *Ce qui fait apparaître tantôt l'obscurité, tantôt la lumière, c'est le Tao* ».

Mais le symbole du *T'ai-chi-T'u* suggère encore une autre réflexion : F. CAPRA parle de « symétrie en rotation », de « mouvement cyclique perpétuel ». Or, pour qu'une roue tourne, il faut qu'en son centre passe un axe perpendiculaire à son plan. Et cet axe vertical ne serait-il pas celui qui donne sens à l'être humain en reliant, selon la terminologie de Raymond ABELLIO[11], le domaine des sciences au domaine du sens, la matière et l'esprit ?

---

[10] In LE TAO DE LA PHYSIQUE P. 108.
[11] In LA STRUCTURE ABSOLUE P. 32.

On retrouve aussi dans les concepts ci-dessus les trois éléments décrits par un ésotériste, PAPUS[12] : le *Tao* principe gouverneur, le *yang* principe moteur et le *yin* principe mû.

Un scientifique du XXe siècle, Stéphane LUPASCO, développe trois autres principes qu'il appelle ceux de la logique de l'antagonisme[13], actualisation – potentialisation – tiers inclus :
* la partie noire contenant un point blanc est l'actualisation du *yin* associée à la potentialisation du *yang*,
* la partie blanche contenant un point noir est l'actualisation du *yang* associée à la potentialisation du *yin*,
* le tiers inclus, qui se situe à un autre niveau de réalité, est représenté par l'axe vertical reliant le pôle spirituel au plan du Tao.

Prenons un exemple plus quotidien, celui de l'ordinateur. Pour fonctionner il faut réunir trois éléments : le disque dur et ses programmes – le hard -, les logiciels de traitement des informations – le soft -, et un programmateur.

Nous reviendrons plus longuement dans le chapitre suivant sur cette triplicité ou tri-unité nécessaire à toute manifestation.

Eveilleur (Bateleur) x Fou

Le sens ésotérique du Tarot dit de Marseille a été analysé en détail par Oswald WIRTH. Voila ce qu'il dit des deux lames principales de ce jeu largement utilisé encore par les cartomanciens :

Le Bateleur [14]: « Comment un escamoteur a-t-il pu être placé en tête du Tarot, marqué du nombre Un qui est celui de la Cause première ?....L'Univers visible n'étant que magie et prestige, son Créateur ne serait-il pas l'Illusionniste par excellence, le grand Prestidigitateur qui nous éblouit par

---

[12] In TRAITE METHODIQUE DE MAGIE PRATIQUE P. 2 : PAPUS, pour faire comprendre le schéma tri-unitaire dans sa généralité, prend l'exemple d'un équipage à cheval (nous sommes à la fin du XIXe siècle) : « Une voiture, un cheval, un cocher, voilà toute la philosophie, voilà toute la magie, à condition, bien entendu, de prendre ce grossier phénomène comme type analogique et de savoir regarder.(...). Le cocher représente l'intelligence et surtout la volonté, ce qui gouverne tout le système, autrement dit LE PRINCIPE DIRECTEUR. La voiture représente la matière, ce qui est inerte et ce qui supporte, autrement dit le PRINCIPE MÛ. Le cheval représente la force. Obéissant au cocher et agissant sur la voiture, le cheval meut tout le système. C'est le PRINCIPE MOTEUR, qui est en même temps l'INTERMEDIAIRE entre la voiture et le cocher, et le lien qui réunit ce qui supporte à ce qui gouverne, ou la matière à la volonté. » (N'est-on pas très proche de la vision taoïste décrite en page 3). Remplacez l'équipage du XIXe siècle par une automobile, le cocher par le chauffeur, le cheval par le moteur et vous aurez l'équivalence moderne de cette analogie.

[13] Stéphane LUPASCO énonce, au début de son livre *Le principe d'antagonisme et la logique de l'énergie* (Hermann 1951, rééd. Le Rocher 1987), le postulat fondamental d'une logique dynamique du contradictoire, le principe d'antagonisme: "A tout phénomène ou élément ou événement logique quelconque, et donc au jugement qui le pense, à la proposition qui l'exprime, au signe qui le symbolise : e, par exemple, doit toujours être associé, structurellement et fonctionnellement, un anti-phénomène ou anti-élément ou anti-événement logique, et donc un jugement, une proposition, un signe contradictoire : non-e ; et de telle sorte que e ou non-e ne peut jamais qu'être potentialisé par l'actualisation de non-e ou e, mais non pas disparaître afin que soit non-e soit e puisse se suffire à lui-même dans une indépendance et donc une non-contradiction rigoureuse (comme dans toute logique, classique ou autre, qui se fonde sur l'absoluité du principe de non-contradiction)."

[14] In LE TAROT DES IMAGIERS DU MOYEN AGE, O. WIRTH, Ed. Tchou, P. 115.

ses tours de passe-passe ?... La Cause première est donc un Bateleur ; mais comme elle se répercute en tout ce qui est actif, le personnage initial du Tarot correspond, d'une manière générale, à tout principe d'activité. Dans l'Univers c'est Dieu, envisagé comme le grand suggestionneur de tout ce qui s'accomplit dans le Cosmos ; dans l'homme c'est le foyer de l'initiative individuelle, centre de perception, de conscience et de volonté ».

Le Fou (ou le Mat)[15]: « Inconscient et irresponsable, il se traîne à travers la vie en être passif, qui ne sait où il va et se laisse mener par les impulsions irraisonnées. Ne s'appartenant pas à lui-même, il est possédé : c'est un aliéné dans toute la force du terme. (…) Les yeux perdus dans le vague des nuages, l'insensé poursuit sa route au hasard de ses impulsions, sans se demander où il va ».

Ciel x Terre = Kien x Kouen

Les concepts *K'ouen* et *K'ien* évoqués ci-dessus par F. CAPRA sont deux hexagrammes tirés du *Yi-King* ou *Livre des Transformations*, qui en présente 64. Le *Livre des Transformations* est probablement le livre le plus ancien de la Chine. Il offre à l'homme « une clé intemporellement neuve pour pénétrer l'énigme de son destin (…). La fréquentation du Livre est un moyen de choix pour apprendre à lire l'ordre de l'univers et, tout en même temps, établir l'harmonie en soi-même[16] ». Les hexagrammes sont des combinaisons de traits horizontaux : pleins, ils sont représentatifs de l'énergie Yang (positive ou masculine), brisés ils représentent l'énergie Yin (négative ou féminine).

K'ien/Le créateur :

« L'hexagramme se compose de six traits pleins. Les traits pleins correspondent à la puissance originelle Yang qui est lumineuse, forte, spirituelle, active. L'hexagramme est uniformément fort de nature. En tant qu'aucune faiblesse ne s'attache à lui, il a pour propriété la force. Son image est le ciel. La force est représentée comme n'étant pas liée à des conditions spatiales déterminées : elle est par suite conçue comme mouvement. (…) Appliqué aux événements de l'univers, ce signe exprime la puissante action créatrice de la divinité. Envisagé par rapport au monde des hommes, il désigne l'action créatrice des saints sages, du souverain ou guide des hommes qui, par sa puissance, éveille et développe leur nature supérieure ».[17]

---

[15] In LE TAROT DES IMAGIERS DU MOYEN AGE, O. WIRTH, Ed. Tchou, P. 253.
[16] YI KING, E. PERROT, R. WILHELM, Ed. Librairie de Médicis, Introduction, P.xi.
[17] YI KING, E. PERROT, R. WILHELM, Ed. Librairie de Médicis, P. 19

K'ouen/Le réceptif[18] :

« Cet hexagramme est entièrement composé de traits brisés : Les traits brisés correspondent à la puissance originelle du yin, qui est sombre, malléable, réceptive. La propriété de l'hexagramme est le don de soi, son image est la terre. C'est le complément du créateur, son complément et non son opposé, car il ne le combat pas mais le complète. »

« C'est la nature en face de l'esprit, la terre en face du ciel, le spatial en face du temporel, le féminin maternel en face du masculin paternel. Cependant, appliqué aux situations humaines, le principe de cette complémentarité ne se rencontre pas seulement dans les relations entre l'homme et la femme, mais aussi dans les rapports entre le prince et son ministre, le père et son fils ; au sein de l'individu lui-même, cette dualité se retrouve dans la coexistence entre le spirituel et le sensible (…) En soi, le réceptif est naturellement aussi important que le créateur. »

On remarquera que, il y a plus de deux mille ans, les Chinois connaissaient déjà la notion de complémentarité et « la coexistence entre le spirituel et le sensible ».

Soufre x Mercure

Ces deux « métaux » sont au point de départ du Grand Œuvre alchimique dont le but est de réaliser l'union des contraires, des couples antinomiques, pour produire une entité, le « rebis » (la chose double), l'œuf philosophique, l'androgyne primordial, qui harmonise toutes les oppositions et tous les savoirs. L'élément fondamental de l'Alchimie est le Mercure, personnifié par Hermès Trismégiste, le détenteur de la science sacrée. Son opposé est le Soufre, représentatif de l'esprit[19].
Ce savoir ancestral a été revivifié au XXe siècle par des adeptes comme FULCANELLI[20] et son disciple Eugène CANSELIET, et des psychanalystes comme C.G. JUNG[21], pionnier de la psychologie des profondeurs et de la réalisation du Soi (reprenant une notion bouddhiste), relayé par son traducteur en France et disciple, E. PERROT.

Et c'est à cette réalisation du Soi telle que C.G.JUNG l'a décrite que nous consacrerons le prochain chapitre.

---

[18] Id. P. 27
[19] Dont on pourra d'ailleurs remarquer qu'il ne fait l'objet d'aucune définition ou description.
[20] Dans LE MYSTERE DES CATHEDRALES édité en 1925 il explique le sens des symboles hiéroglyphiques figurant de part et d'autres du portail principal de NOTRE DAME DE PARIS.
[21] In PSYCHOLOGIE ET ALCHIMIE P. 95 et ss. « Le Mercurius, sous sa forme de vif-argent, convient particulièrement bien pour désigner l'intellect « liquide », c'est-à-dire mobile. C'est pourquoi, en alchimie, le Mercurius est parfois un « esprit » (*spiritus*) et parfois une « eau », *l'acqua permanens* (l'eau permanente) qui n'est rien d'autre que *l'argentum vivum* (le vif-argent) »… Les alchimistes l'appelaient aussi *acqua nostra* (notre eau), *mercurius vivus* (mercure vivant), *argentum vivum* (vif-argent), *vinum ardens* (vin ardent), *acqua vitae* (eau de vie), *succus lunariae* (suc lunaire), etc. Il symbolise donc l'inconscient junguien et son pouvoir de transformation.

II. Atmâ. Grain de sénevé. Le Soi.
La Réalisation du Soi.
De la complémentarité à la tri-unité

Peut-on assimiler Atmâ, grain de sénevé et Soi ? C'est ce que fait René GUENON[22] en reprenant la parabole du grain de sénevé de l'Evangile.
Revenons à la notion de tri-unité abordée dans le chapitre précédent. Le préalable à la croissance du grain de sénevé, à la réalisation du Soi, est la reconnaissance par l'homme de sa constitution verticale tripartite : corps-âme-esprit[23]. Qui ne reconnaît pas la présence de l'esprit en lui ne peut pas accepter l'idée que c'est à lui seul qu'appartient la décision de se réaliser, de faire le pas initial sur la voie de la réalisation. Cette réalisation de soi, du Soi, va passer par trois étapes fondamentales successives allant du plus extérieur de l'individu à son être le plus profond : l'intégration de la *persona*, puis celle de *l'anima*, et enfin celle de *l'esprit*.

1) L'intégration de la *persona* :

Qu'est-ce que la *persona* ? Ce mot (dont dérive le mot français « personne ») vient du latin et a pour prédécesseur et synonyme le mot grec *prosopôn*. Voici comment M. FROMAGET la définit : « Il signifie étymologiquement ce qui est devant, l'aspect, la face, le visage. Primitivement il désignait les masques arborés lors de cérémonies religieuses et rituelles, et ceux portés par les acteurs de théâtre antique. Puis, au fil du temps, le sens de ce mot glissa, passant de masque à rôle, puis de rôle à personnage, pour désigner ensuite l'individu jouant le personnage et, enfin, l'individu en tant que tel ».[24]
La *persona* c'est donc l'être humain tel qu'il apparaît, tel qu'il est vu de l'extérieur par ses semblables qui vont le jauger, le classer en fonction de ce qui est immédiatement perceptible : son air, ses attitudes, sa voix, ses habits, etc. Ajoutons à cela que les autres voient votre *persona* à travers leur propre subjectivité et vous vous ferez une idée de l'image déformée qu'ils peuvent avoir de vous !
Le premier rôle de la *persona* est de permettre à l'être humain de **s'adapter aux exigences de la vie sociale.** L'être humain va consacrer la première partie de sa vie à construire (par son éducation, ses études, ses relations, ses centres d'intérêt, ses passions, etc.) cette image extérieure de lui-même qui va lui permettre de trouver sa place dans la société. C'est en général pendant cette période qu'il va fonder un foyer et assurer sa descendance.

---

[22] Dans SYMBOLES DE LA SCIENCE SACREE. P. 415 : « Dans les textes sacrés de l'Inde, nous trouvons ceci : « Cet Atmâ (l'Esprit divin) qui réside dans le cœur, est plus petit qu'un grain de riz, plus petit qu'un grain d'orge, plus petit qu'un grain de moutarde, plus petit qu'un grain de millet, plus petit que le germe qui est dans un grain de millet ; cet Atmâ, qui réside dans le cœur, est aussi plus grand que la terre, plus grand que l'atmosphère, plus grand que le ciel, plus grand que tous ces mondes ensemble ». « Dans le Principe, il est évident que rien ne saurait jamais être sujet au changement ; ce n'est donc point le « Soi » qui doit être délivré, puisqu'il n'est jamais conditionné, ni soumis à aucune limitation, mais c'est le « moi » et celui-ci ne peut l'être qu'en dissipant l'illusion qui le fait paraître séparé du « Soi » ; de même, ce n'est pas le lien avec le Principe qu'il s'agit en réalité de rétablir, puisqu'il existe toujours et ne peut pas cesser d'exister, mais c'est, pour l'être manifesté, la conscience effective de ce lien qui doit être réalisée ».
[23] Michel FROMAGET a largement développé ce thème dans le QUESTION DE N° 87 P. 91 L'HOMME TRIDIMENSIONNEL.
[24] In QUESTION DE N° 106, Michel FROMAGET, P. 97.

Mais on a vu que dans *persona* il y avait aussi l'idée d'un rôle qu'on joue, donc d'une apparence qui n'est pas forcément conforme à ce que nous sommes à l'intérieur. Dans ce cas, la *persona* est véritablement un masque dont l'être humain attend qu'il occulte ce qu'il est au cœur de lui-même. C'est ainsi que K.F. DURCKHEIM oppose le « moi existentiel » et l'« Etre essentiel ». Or nous vivons dans un monde où les apparences sont reines : couleur de la peau, mode vestimentaire, voiture, standing social, etc. Il nous est très difficile d'accepter que tout ceci ne préjuge en rien de la qualité des individus et qu'il faut faire tomber la *persona* pour découvrir l'être réel.

Le troisième rôle de la *persona* c'est d'isoler l'être humain du monde extérieur, soit qu'il ait peur de tout ce qui vient de l'extérieur et qu'il ressent comme menaçant pour son intégrité, soit qu'il ne s'intéresse qu'à ce qui se passe à l'intérieur de lui-même. On en trouvera une illustration toute simple tirée de la vie quotidienne en regardant les voyageurs dans le métro aux heures de pointe : visages fermés, yeux baissés ou vagues ou rivés sur un livre, écouteurs du baladeur aux oreilles…. Surtout ne pas regarder les autres, ne pas risquer une agression visuelle ou verbale.

Le premier travail de l'être humain dans son processus de réalisation du Soi sera donc de dépasser la *persona* en :

- mettant en accord ce qu'il paraît être et ce qu'il est en réalité,
- privilégiant l'être sur l'apparence et sur l'avoir,
- supprimant toute barrière entre lui et le monde extérieur,
- acceptant que les autres soient différents de lui-même en apparence,
- mais profondément semblables au fond,
- et devant combattre le mal d'abord en soi-même.

2) L'intégration de l'anima :

Au début de son œuvre, C.J. JUNG emploie le terme d'*anima* pour désigner l'attitude intérieure de la psyché et l'énergie psychique qui la sous-tend. Mais, à l'intérieur, il faudra aussi distinguer entre ce qui est conscient et ce qui est inconscient, ce qu'il appelle l'« ombre ». C'est une actualisation de la distinction platonicienne entre les deux parties de l'âme, celle qui regarde vers le bas et celle qui regarde vers le haut. Plus tard, C.G. JUNG ajoutera une deuxième distinction, horizontale celle-ci, entre *animus* et *anima*.

21. « Ombre » et lumière :

C'est A. KOESTLER qui écrit[25] : « Il n'y a pas de révolution intérieure qui ne commence dans la salle des machines, au plus profond de l'homme ». Khalil Gibran complète cette pensée en disant que « Personne ne peut vous révéler plus que ce qui repose déjà dans l'aube de vos connaissances. »

---

[25] In LA QUETE DE LABSOLU.

Les sages de tous bords le disent :

* *Les latins* : « mens sana in corpore sano ».

* *Les chrétiens* : au XIVe siècle Maître ECKHART disait dans ses sermons que « *la plus haute perfection de l'esprit (...) selon le mode de l'esprit, c'est que l'âme saisisse Dieu seulement selon le fond, en tant qu'il est au-dessus de toute essence. (...) De cette façon je suis spirituellement "un" selon mon propre fond, tout comme le fond est "un" (...). C'est pourquoi l'esprit ne peut jamais parvenir à la perfection si le corps et l'âme ne sont parfaits* ».[26]

JEAN DE LA CROIX : « Cette nuit, nous l'avons dit, n'est autre que la contemplation. Elle produit chez les spirituels deux sortes de ténèbres ou de purifications, qui ont rapport aux deux parties dont l'homme est composé : la partie sensitive et la partie spirituelle. La première nuit ou la première purification sera donc sensitive. Elle aura pour effet de purifier et de dénuder l'âme selon le sens, et d'adapter la partie sensitive à l'esprit. La seconde nuit sera une purification spirituelle. Elle aura pour effet de purifier et de dénuder l'âme selon l'esprit, et de la disposer à l'union d'amour avec Dieu. La nuit sensitive est le fait de beaucoup, et elle est propre aux commençants.... La nuit spirituelle n'est le fait que d'un très petit nombre et déjà exercés et avancés ».[27]

N'est-il pas étonnant que ce texte du XVIe siècle contienne en germe sous le terme de « partie sensitive » ce que les neuroscientifiques d'aujourd'hui découvrent sous le terme de « deuxième cerveau »[28], ce qu'Arthur KOESTLER appelle « la salle des machines » ? Ne serait-ce pas là le siège de l'inconscient ?
E. PERROT cite une émule de JEAN DE LA CROIX qui décrit dans son autobiographie l'expérience qu'elle a vécue de la manière suivante : « Madame GUYON retrouve spontanément pour la décrire [l'ombre] les expressions des auteurs alchimistes ; plongée dans la vase de l'abîme, putréfaction, mort, réduction en cendres, car le langage de l'âme en cours de métamorphose est partout identique à lui-même. Cette période, qui dure ici sept ans, est suivie d'une aurore qui se change progressivement en la lumière éclatante de midi ».[29]

* *Les alchimistes* : c'est encore E. PERROT, grand restaurateur de la pensée alchimiste au XXe siècle après, entre autres, FULCANELLI[30] et son disciple E. CANSELIET, qui dit : « Les anciens alchimistes, explorateurs de la nature profonde hors des étroites frontières du dogmatisme ecclésiastique, connaissaient la relation intime entre les excréments et l'or. Parlant en énigme, c'est-à-dire en symboles, ils disaient que le fumier est la matière première à partir de laquelle on peut fabriquer le métal incorruptible, synonyme de lumière… « Prends cette chose qui est foulée aux pieds sur ces tas de fumier, sinon, voulant monter sans échelle, tu tomberas sur la tête ». « On la trouve dans les fumiers » répètent les auteurs parlant de leur précieuse pierre. C'est que l'origine de ce qu'il y a de plus élevé en ce monde est à rechercher dans ce qu'il y a de plus bas ».[31]

---

[26] Cité P. 135 dans MAITRE ECKHART OU L'EMPREINTE DU DESERT, Ed. Albin Michel, Spiritualités Vivantes.
[27] JEAN DE LA CROIX : LA NUIT OBSCURE. P. 43.
[28] SCIENCE ET AVENIR N° 784 Juin 2012 : « Ventre, notre deuxième cerveau ».
[29] Rapporté par E. Perrot dans LA VOIE DE LA TRANSFORMATION. P. 115.
[30] FULCANELLI décrivit en 1925, dans LE MYSTERE DES CATHEDRALES, le processus alchimique sculpté dans la pierre du portail principal de NOTRE DAME DE PARIS.
[31] E. PERROT idem.

Faute de quoi « qui veut faire l'ange, fait la bête » ainsi que le dit la sagesse populaire.

* *Un sage d'aujourd'hui*. Jean BIES interroge Arnaud DESJARDINS (décédé le 10.08.2011)[32]: « Si le but est effectivement de perdre complètement la conscience d'être autre que le Divin, et de vivre le *tat tvam asi* védantique – « tu es cela » - si tel est bien le sens de toute existence humaine, la première étape est, avant de vouloir monter vers le Suprême en se prenant pour un *grand yogi*, d'avoir le courage de *descendre*, d'entreprendre d'abord le « récurage de la mare », comme dit MA AMANDA MOYI, d'affronter ses démons intérieurs, de se regarder en face, d'échapper à sa subjectivité ».

On pourra aussi se souvenir du cinquième travail d'Hercule qui consista à nettoyer les écuries du roi Augias en détournant le cours d'une rivière.

* *Les taoïstes* : « Dans le système taoïste interne, on s'occupe d'abord du corps, puis de l'âme et alors seulement on entreprend l'aventure du développement spirituel. Les textes taoïstes comparent le corps à la charpente d'un vaisseau et l'âme à son moteur. L'esprit est le diamant que nous voulons mener à bon port. Et cela ne peut se faire si la charpente et le moteur sont défectueux. Dans le système taoïste, comme dans d'autres, il est recommandé de commencer par fortifier le corps. On ne laisse pas un esprit infantile s'aventurer sur des terres inconnues et dangereuses ».[33]

C.G. JUNG définit l'« ombre » comme la partie « négative » de la personnalité, c'est-à-dire la somme possible des défauts cachés, des fonctions insuffisamment développées et des contenus désavantageux de l'inconscient personnel[34]. FREUD disait que ces contenus étaient refoulés dans l'inconscient afin de ne pas créer un conflit violent avec les convictions morales du sujet. Cette description laisse deviner ce que l'« ombre » peut contenir de dynamisme simplement dangereux ou diabolique même. La non-reconnaissance de cette ombre est le refus de notre part animale et, en définitive, celui d'intégrer notre corps dans le processus d'individuation. Cette façon d'être ne peut réussir. Acceptons l'ombre qui est en nous pour canaliser son dynamisme profond, l'amener à la lumière et le faire travailler à notre transformation.

L'Extrême-Orient accepte parfaitement cette dualité entre l'ombre et la lumière : « L'idée de la polarité des contraires – que lumière et obscurité, gain et perte, bien et mal sont simplement différents aspects du même phénomène – est l'un des principes de base du mode de vie extrême-oriental. Puisque tous les opposés sont solidaires, leur antagonisme ne peut jamais mener à la victoire écrasante d'un seul côté, mais sera toujours une manifestation du jeu mutuel de deux forces. En Orient, une personne vertueuse n'est donc pas quelqu'un qui entreprend la tâche impossible d'obtenir le bien en supprimant le mal, mais plutôt quelqu'un qui est capable de maintenir un équilibre dynamique entre le bien et le mal ».[35]

En outre l'inconscient ne contient pas que des choses négatives, des contenus refoulés. NIETZSCHE insistait sur son dynamisme « dionysiaque ». C. G. JUNG précise : « Ce serait une erreur de ne mettre en relief que le côté défavorable de l'inconscient. Dans tous les cas courants,

---

[32] In VOIES DE SAGES. P. 201.
[33] In ENERGIE VITALE ET AUTOGUERISON Mantak Chia.
[34] In PSYCHOLOGIE DE L'INCONSCIENT, Ed. Librairie de l'Université, P. 124, note de bas de page.
[35] Frijtof CAPRA in LE TAO DE LA PHYSIQUE, Ed. Tchou, P. 148.

l'inconscient ne devient défavorable et dangereux que parce que nous sommes en désaccord avec lui, donc avec des tendances fondamentales de nous-mêmes. L'attitude négative à l'adresse de l'inconscient, voire sa répudiation par le conscient, sont nuisibles dans la mesure où les dynamismes de l'inconscient sont identiques à l'énergie des instincts. Par conséquent, un manque de contact avec l'inconscient est synonyme de déracinement et d'instabilité intellectuelle »[36].

L'inconscient est aussi le lieu de l'imagination, de la créativité, de l'innovation. Sans inconscient nous n'aurions pas eu les grands inventeurs, les grands compositeurs, peintres, architectes, etc. La partie droite de notre cerveau ne serait-elle pas le domaine privilégié de l'inconscient ? Le siège de l'inconscient ne serait-il pas dans le deuxième cerveau dont les scientifiques découvrent aujourd'hui l'existence ?

Dans l'inconscient, gisent les archétypes[37] dont C.G. JUNG donne de nombreuses illustrations. En voici quelques-uns choisis pour leur connotation religieuse :

* la croix qui porte toujours le héros, symbole du Soi, réunissant dieu et animal,[38]
* la "mère" (Marie, mère de Jésus) (...) tournée vers le "soleil intérieur", l'image du dieu", autrement dit vers l'archétype de la totalité transcendante, le Soi,[39]
* le Christ, héros et homme-dieu, qui désigne psychologiquement le Soi, *coïncidentia oppositorum*, renfermant en même temps lumière et obscurité.[40]

C.G. JUNG distingue deux inconscients, l'individuel et le collectif, ce dernier pouvant être rapproché de la notion de « champ morphique » développée par Rupert SHELDRAKE[41]. Et la réalisation du Soi résulte de l'intégration par la conscience des contenus - sombres ou lumineux - sous-jacents de l'inconscient, lieu de la mémoire universelle, les archétypes.

22. Anima et Animus :

C.G. JUNG acquit progressivement la certitude que le concept d'« *anima* » tel qu'il l'avait défini dans ses premières œuvres présentait des caractéristiques essentiellement féminines destinées à contrebalancer une attitude virile consciente et, de ce fait, ne pouvait principalement concerner que l'être masculin. D'où l'idée de concevoir symétriquement celui d'« *animus* » qui désignerait l'aspect masculin de l'âme de l'être féminin. Il en résulte que l'âme peut présenter, à l'image de nos structures profondes où seulement un chromosome différencie les sexes, une réalité bisexuée, hermaphrodite[42]. S. LUPASCO rapporte la parole de J. BRACHET dans « *Embryologie chimique* » selon laquelle : « Chaque individu, est « potentiellement bisexué ». Il écrit : « le problème du

---

[36] In PSYCHOLOGIE DE L'INCONSCIENT P. 204.
[37] Id. P. 370. Voici la définition de « l'archétype » que donne C.G.JUNG : « L'archétype est une forme symbolique qui entre en fonction partout où n'existe encore aucun concept conscient, ou quand des raisons extérieures ou intérieures les rendent impossibles. Les contenus de l'inconscient collectif sont représentés dans la conscience sous forme d'inclinations ou de conceptions caractérisées. L'individu pense d'ordinaire qu'elles sont conditionnées par l'objet ; à tort en somme, puisqu'elles proviennent de la structure inconsciente de la psyché et que le seul effet de l'objet est de les déclencher. Ces inclinations et conceptions subjectives l'emportent sur l'influence de l'objet ; elles ont une importance psychologique plus grande de sorte qu'elles se superposent à toutes les impressions. »
[38] In METAMORPHOSES DE L'AME ET SES SYMBOLES, Ed. Librairie de l'Université, P. 503.
[39] Id. P. 534.
[40] Id. P. 610.
[41] In LA MEMOIRE DE L'UNIVERS.
[42] Alain DELAUNAY, article « Animus et anima » dans Encyclopedia Universalis.

déterminisme sexuel n'est intelligible que si on a présent à l'esprit la notion fondamentale de *bipolarité sexuelle,* selon laquelle chaque organisme possède, à l'état potentiel, les deux sexes, mais l'un d'entre eux domine l'autre »[43].

R. GUENON ne dit pas autre chose : « Si l'on considère spécialement le *yang* et le *yin* sous leurs aspects d'éléments masculin et féminin, ou pourra dire que, en raison de cette participation, tout être est « androgyne » en un certain sens et dans une certaine mesure, et qu'il l'est d'ailleurs d'autant plus complètement que ces deux éléments sont plus équilibrés en lui ; le caractère masculin ou féminin d'un être individuel (il faudrait, plus rigoureusement, dire principalement masculin ou féminin) peut donc être considéré comme résultant de la prédominance de l'un ou de l'autre »[44]. La reconnaissance par l'être humain du caractère bisexué de son âme constitue un moment essentiel du processus d'individuation. C.G. JUNG le compare à l'œuvre alchimique : « Cette antithèse totale est représentée dans le *rebis* alchimique, symbole d'une unité transcendantale, comme identité des contraires (*coïncidentia oppositorum*) ».

On résumera ces différentes notions dans le schéma de la page suivante.

---

[43] In L'ENERGIE ET LA MATIERE VIVANTE Ed. Julliard, P. 230.
[44] In LA GRANDE TRIADE Ed. NRF P. 40.

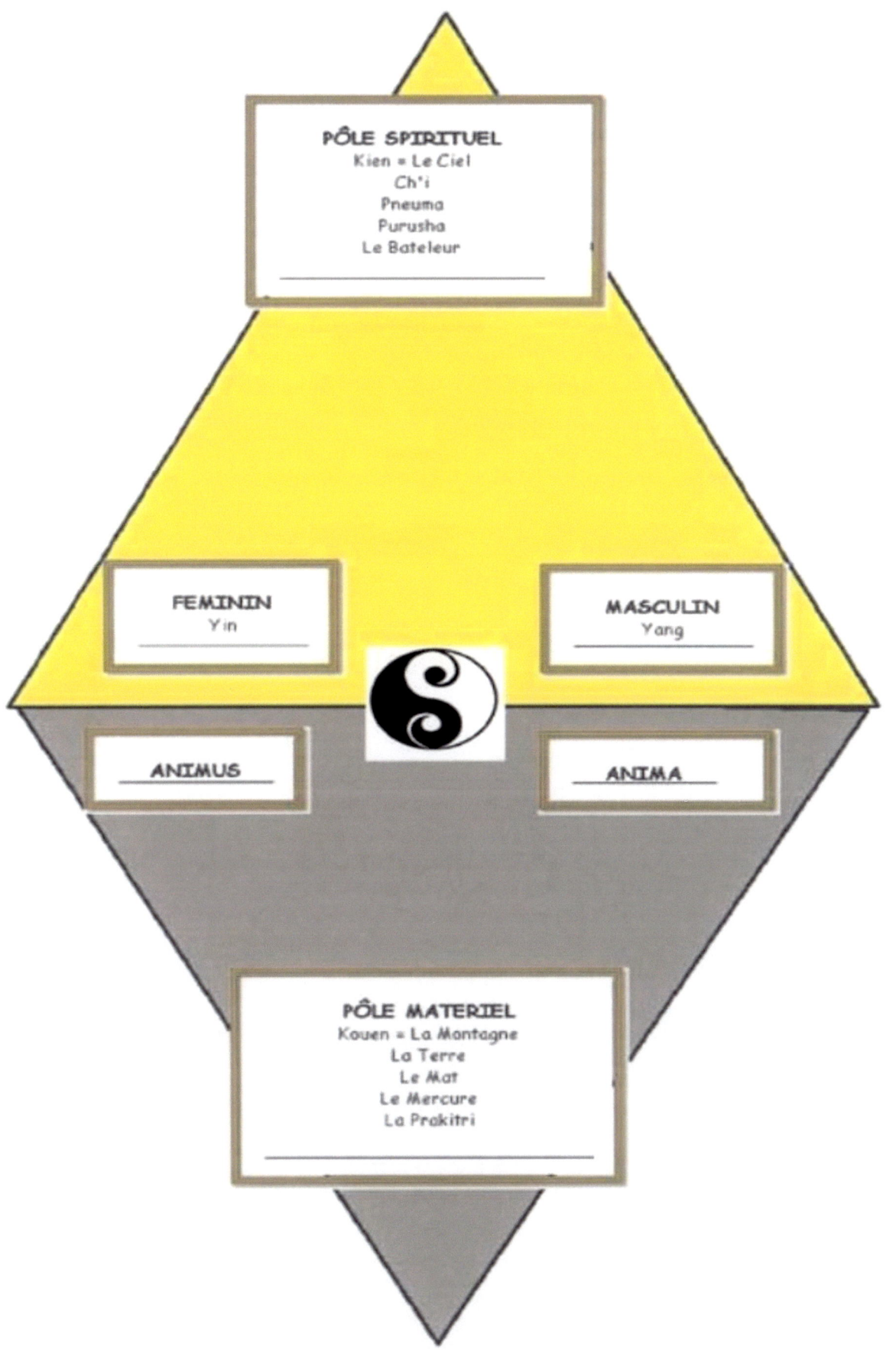

3) L'intégration de l'esprit.

C'est la dernière étape du chemin, et bien peu y parviennent. C'est le « champ de l'étoile » au bout du chemin de saint Jacques (dont nous oublierons l'aspect « Matamore »), c'est la réalisation de la pierre philosophale des alchimistes dont saint Jacques est le patron, c'est la « deuxième naissance » de saint Paul, la « métanoïa » des grecs, l'« Eveil » des bouddhistes, « la réalisation du Soi » de C.G. JUNG, la transformation de la chenille en papillon.

Y parvenir c'est sortir de nos frontières naturelles, celles du dualisme corps-âme, des espaces-temps linéaires accessibles à nos seules facultés intellectuelles. C'est franchir un seuil et donc aborder de nouveaux chemins. Mais peut-on encore parler de chemin ? Nous avançons dans l'inconnu ainsi que l'écrit JEAN DE LA CROIX : « N'est-il pas évident qu'on ne peut gagner des contrées inconnues et s'adapter à des choses nouvelles sans s'engager dans des chemins que l'on ne connaît pas, sans quitter ce à quoi l'on est accoutumé ? (…) Ainsi l'âme, lorsqu'elle progresse, s'avance en ténèbres et en ignorance. (…) C'est Dieu même, nous l'avons dit, qui se fait alors le maître et le guide de cette âme aveugle ».[45]

Parlant du but à atteindre, Maître ECKHART dit dans son unique poème :

> Ce point est la montagne
> à gravir sans agir
> Intelligence !
> Le chemin t'emmène
> au merveilleux désert,
> au large, au loin,
> sans limite il s'étend.
> Le désert n'a
> ni lieu ni temps,
> il a sa propre guise.
> Ce désert est le Bien
> par aucun pied foulé, le sens créé
> jamais n'y est allé :
> Cela est ; mais personne ne sait quoi.
> C'est ici et c'est là,
> c'est loin et c'est près,
> c'est profond et c'est haut,
> c'est donc ainsi
> que ce n'est ça ni ci.
>
> C'est lumière, c'est clarté,
> c'est la ténèbre,
> c'est innommé,
> c'est ignoré,
> libéré du début ainsi que de la fin,
> cela gît paisiblement,
> tout nu, sans vêtement.

---

[45] In LA NUIT OBSCURE, Ed. du Cerf P. 126.

> Qui connaît sa maison,
> ah ! qu'il en sorte !
> et nous dise sa forme.

Bien sûr, Maître ECKHART emploie le terme de désert pour désigner Dieu ou, plus exactement, la déité[46]. Peut-on mieux dire qu'à ce niveau on a quitté toute référence intellectuelle, toute considération d'espace et de temps, toute notion de dualité, d'opposition de contraires. C'est le retour, indicible et indescriptible, à l'unité primordiale. JEAN DE LA CROIX le confirme : « C'est en effet le propre du langage de Dieu, langage si spirituel et si intime à l'âme, d'excéder tout ce qui est sensible, d'arrêter et de réduire au silence tout l'ensemble des sens extérieurs et intérieurs ».[47] C'est pourquoi, entre les voies cataphatique et apophatique, le mystique choisit la deuxième[48]. S'étonnera-t-on de constater que, à quelques siècles et quelques milliers de kilomètres de distance, les Upanishad disent quelque chose de très proche :

> Là ne va pas l'œil,
> Ni la parole, ni l'esprit.[49]
> Nous ne le connaissons pas, nous ne le comprenons pas,
> Comment pourrait-on l'enseigner ?

LAO-TSEU, qui nomme cette réalité Tao, déclare de même à la première ligne du *Tao Te King* : *le Tao qu'on peut exprimer n'est pas le Tao éternel*.

---

[46] Voici ce qu'en dit Alain DELAUNAY dans l'Encyclopedia Universalis, article Maître Eckhart : « Eckhart distingue...la déité et Dieu. La déité, c'est l'essence divine absolue, isolée en son aséité, au-dessus de tout nom, de tout rapport, et dont nous ne pouvons rien affirmer, sinon qu'elle est unité. On ne peut donc en parler qu'en termes de théologie apophatique négative, de telle sorte que les termes mêmes d'être et de bonté ne sauraient lui convenir. Dieu, au contraire, c'est la déité en tant qu'elle entre en rapport. Elle s'engage d'abord dans un premier rapport *interne* et nécessaire avec elle-même, qui aboutit à la procession des personnes divines de la Trinité. Les personnes s'écoulent sans cesse de l'essence divine et y refluent éternellement. En outre la déité devient Dieu par un second rapport, *externe* celui-là, qui est celui de la création. Suivant l'expression paradoxale d'Eckhart, Dieu n'est Dieu que lorsqu'il y a des créatures ; si elles n'étaient pas, il ne serait pas non plus ».

[47] In LA NUIT OBSCURE P. 131. Pour éviter toute confusion on notera que JEAN DE LA CROIX utilise le mot « âme » pour désigner l'être humain dans sa totalité, donc dans une acception différente de celle que nous avons utilisée.

[48] « Dans toutes les religions, on trouve deux modes principaux d'évocation et d'invocation de Dieu. Seul l'un d'eux utilise le langage. La réflexion religieuse a forgé deux termes pour les désigner : apophatique (du grec *apo*, hors de, et *phas*, langage, « qui se situe hors des mots ») et cataphatique (du grec *cata*, conforme, et *phas*, « qui utilise le langage »)[48].
La spiritualité cataphatique travaille avec les contenus de la conscience, sous forme d'images, de symboles, d'idées, de concepts. Elle estime que l'être humain a besoin de représentations pour Dieu et que la vie religieuse ne saurait s'en passer. Pour la spiritualité apophatique, la conscience doit être vide, pure. Les contenus sont considérés comme des obstacles. Tant que la conscience reste attachée aux illustrations, aux images, aux concepts, elle ne se trouve pas encore là où se situe l'expérience authentique du Divin. Loin de l'éclairer, ces contenus la dissimulent.
La plupart des croyants suivent le mode cataphatique, en s'aidant d'idées, d'images, de mots. C'est en effet ce qu'ils ont appris dans leur enfance et, dans toutes les religions, cette forme de spiritualité joue un très grand rôle. En revanche, plus la religion s'oriente vers la mystique, plus elle devient apophatique, oubliant ces contenus qui masquent le Divin ».
D'ailleurs, le mot « mystique » ne vient-il pas du grec *mystos* = se taire ? Ce passage de la cataphase à l'apophase est celui de l'exotérisme à l'ésotérisme.

[49] Rappelons que le terme d'« esprit » tel qu'il figure ici est la traduction du mot anglais « mind » et ne doit donc pas se comparer au mot « Esprit » que nous avons employé jusque-là.

III. Des connaissances à la CONNAISSANCE
(Voir schéma en annexe 1)

Poursuivant les travaux de LAKHOVSKY (1869-1942) sur le traitement des cancers par les ondes Etienne GUILLE dit, à propos des cellules constitutives de tout être vivant : « La cellule peut être considérée comme un élément de circuit électrique oscillant doué de capacité, de self-inductance et de résistance électrique. Elle est susceptible de vibrer sur une fréquence d'oscillation très élevée qui peut varier en fonction des constantes du microenvironnement ionique….. »[50]

D'où l'idée que l'être humain est, comme nous l'avons suggéré ci-dessus, un récepteur d'ondes qui l'entourent et que l'Eveil, dans cette perspective, serait la synchronisation de ce grain de sénevé au plus profond de l'être sur la fréquence d'émission du Principe. D'où le recours à la méditation du zen, au silence, pour se vider et devenir totalement réceptif au message reçu. Et on comprend alors pourquoi l'Eveil peut ne survenir qu'après des années de méditation, et brutalement, comme l'accession à la bonne longueur d'ondes. On n'accède pas à la Connaissance par l'intellect mais par une mise en résonance. C'est René GUENON qui dit que l'homme doit être « *yin vis-à-vis du Principe et yang vis-à-vis de la création* ».

Le père Bede GRIFFITHS qui a consacré sa vie à réconcilier Orient et Occident est interrogé par Renée WEBER [51]: il affirme que « la foi n'est qu'une phase préliminaire à la connaissance, ce terme étant entendu dans le sens profond de *jnana*. En fait, la foi dans la tradition stricte est une illumination de l'esprit. C'est une ouverture de l'esprit à une réalité transcendante, mais à l'instar d'une semence ce n'est qu'un potentiel, un commencement, et la foi doit se développer et s'épanouir dans l'expérience. L'une des différences majeures qui est apparue dans la tradition chrétienne au moyen âge est due au fait que nous nous sommes concentrés sur la connaissance intellectuelle, sur la théologie – la foi est devenue théologie au lieu de devenir expérience. »

Il pense par ailleurs que « tout être humain renferme une capacité d'« auto transcendance ». Il cite « saint Athérasius, qui fut le plus grand docteur de la divinité du Christ, (qui) a dit que Dieu s'est fait homme pour que l'homme puisse devenir Dieu ». Il mentionne Karl RAHNER qui affirme que, « au-delà de notre corps, au-delà des facultés ordinaires de l'âme, nous sommes ouverts à la réalité transcendante. Cette *capacité* est présente en nous à tout instant, et elle peut se développer et devenir totale, il est donc possible à l'être humain de se donner *totalement* à Dieu. Rahner a dit que Jésus fut en réalité un être humain chez qui cette capacité d'auto transcendance était pleinement réalisée de sorte qu'il lui a été possible de devenir Dieu. Il a pu devenir lui-même dans une unité totale avec Dieu, et Dieu a pu se donner totalement en lui. Chacun d'entre nous peut se transcender et connaître cette unité avec Dieu. Mais cela ne revient pas vraiment à *devenir* Dieu (comme dans l'*Advaita* indien), parce que Dieu est toujours « au-delà ».

Enfin il se réfère à Maître ECKHART : « Le fond de Dieu et le fond de l'âme ne sont qu'un seul et même fond »…

« Le passage de l'ignorance à la Connaissance n'est, à la limite, qu'une clause de style. Le retour à l'Essentiel n'est pas déplacement géographique, ni même changement de conscience : il est recouvrement de l'état éternel inhérent à l'être humain ; non pas acquisition d'un *plus*, mais

---

[50] In L'ALCHIMIE DE LA VIE P. 97.
[51] In DIALOGUE AVEC DES SCIENTIFIQUES ET DES SAGES P. 242, 272 et 279.

dépossession, déchargement, allègement, libération de tout ce qui n'est pas. Le « passage » dans l'éternel Présent est instantané. » C'est ce que Jean BIES appelle le « retour à l'essentiel ».

Et, montant les différents degrés de la connaissance, du manifeste au subtil, du visible à l'invisible, des connaissances à la Connaissance, l'homme approche du sommet de la montagne, et, plus il approche, plus il se tait.

Maître ECKHART disait : « *Rien n'est plus semblable à Dieu dans tout l'univers que le silence* ».
C'est aussi ce que dit JEAN DE LA CROIX : « *Dieu se communique par un acte de pure contemplation, auquel n'atteignent ni les sens extérieurs ni les facultés intérieures. Dès lors l'imagination et la fantaisie ne peuvent plus s'appuyer sur aucune considération, elles perdent pied irrémédiablement* ».

Nous sommes partis de la notion d'oppositions complémentaires pour arriver à la réalisation du Soi, selon la terminologie de C.G. JUNG, en passant par la notion d'émetteur x récepteur propre à tout organisme vivant, du plus simple à l'homme. Ce long chemin n'est-il pas une belle illustration d'une notion pleine de sens, celle d'être, au-delà des raisonnements, relié, en résonance avec toutes les formes de la Vie ?

Raisonner sépare. Résonner unit.

ANNEXE 1

LES DEGRES DE LA CONNAISSANCE ou Des connaissances à la CONNAISSANCE

LA TRINITE, ISHWARA, JESUS	témoignent de	LA DEITE, BRAHMA LE PERE
LA VIE, LA CHAIR, LE CORPS	témoignent de	LE VERBE, L'ESPRIT, LE PRINCIPE
LES RECEPTEURS (les corps, la boussole, la radio, la mémoire de l'espèce)	témoignent des	CHAMPS (gravitationnel, magnétique, radio, morphogéniques)
LA PARTICULE	témoigne de	L'ONDE
LA MATIERE	témoigne de	L'ENERGIE

L'EXISTENCE, L'ORDRE DEPLIE, LE MANIFESTE (le visible, le perceptible) — *témoignent de* — *L'ESSENCE, L'ORDRE IMPLICITE, LE NON MANIFESTE (l'invisible, l'imperceptible)*